UNE JOURNÉE DANS LA VIE D'UN
PIRATE

Emma Helbrough

Illustré par Inklink, Firenze

Traduction de Claudine Azoulay

Les éditions
Héritage inc.

Texte de Emma Helbrough
Illustrations de Inklink, Firenze
Un livre conçu et produit par Emma Godfrey,
Emma Helbrough, Rachel Coombs, Nicholas Harris et
Sarah Hartley, Orpheus Books Ltd.

Traduction de Claudine Azoulay

Nous reconnaissons l'aide financière du gouvernement
du Canada, par l'entremise du Programme d'aide
au développement de l'industrie de l'édition (PADIÉ),
pour nos activités d'édition.

ISBN 978-2-7625-2897-8

Imprimé en Malaisie

TABLE DES MATIÈRES

À PROPOS DE CE LIVRE

Dans ce livre captivant, tu vas suivre une journée très chargée dans la vie d'un pirate vivant au XVIIIᵉ siècle. Au fil de l'histoire, tu en apprendras davantage sur différents aspects de la vie d'un pirate, dont ses tâches quotidiennes, les combats qu'il provoquait et les biens qu'il volait.

À LA VIGIE

À 9 heures, Jack entend la cloche du bateau sonner deux fois, lui annonçant qu'il doit prendre la relève à la vigie. Il grimpe donc jusqu'au nid-de-pie, le poste d'observation situé en haut du grand mât. Jak dot prévenir le reste de l'équipage s'il observe des changements dans l'condit onsm éo-robgi ques, remarque hprésenced'u tes navir esà 1 horizonou repéresous 1au des récf scoral insq u rsqueni ent dèndom mi ger la coquedu bateau.

Au bout de deux euesplu ôt tanqui les, l'di tsng ueune fôrm eàl hori ön. Serai t le pavl bn d'un navire? C'est toujours ce qui apparat en prem ër.

Au début il l'pest passûrd ece qul l'avu. Puis l'avol el aplishaut e apparât el eaussi A ucundout e, c'est un navr el ll lnceun cri et hou slast eaux houm pîsen bas.

Les pi rt uesse m et ent à cou rr dans tousès son sabr sque le capt ainel eur beal è désorbres: il faut changer de rout e et hi serd want uge de vibes pour augm nter l eurvt essel. e cap ta une Nat e a déjà umpl anast ureuxen t 6e, cebi di nct er l esnari nstun xi rem archand à lisse se hommes um enter bord de leur vässeu. U nef ol le bataud tgé sur l ebon cp, il l réunit l'assenl e eesur le pont supér uiurafh dedi reà chacun ce qu'il dot faire.

Réalité ou légende? Les pirates portaient un anneau en or à l'oreille.

Voici Jack Kelsall. Il est le personnage principal de cette histoire.

Réponds aux questions, et vérifie tes réponses en page 31.

L'HEURE COMME POINT DE REPÈRE

Dans le coin de chaque page, il y a une montre pour que tu saches quelle heure il est dans l'histoire, mais en réalité, la plupart des pirates n'en possédaient pas. Les pirates et les marins se servaient du déplacement du soleil pour connaître l'heure.

Le soleil se lève à l'aube et continue à s'élever dans le ciel jusqu'à midi, après quoi il commence à redescendre. Chaque jour, à midi, les pirates tournaient leur sablier.

Quand il était vide, c'est-à-dire à toutes les demi-heures, il fallait le retourner. Chaque fois qu'on le retournait, on faisait sonner la cloche du bateau pour indiquer à l'équipage l'heure qu'il était.

On emportait souvent des chats noirs sur les bateaux. Les pirates étaient sans doute superstitieux et croyaient que les chats leur porteraient chance.

L'ÂGE D'OR DE LA PIRATERIE

Un pirate est une personne qui vole les bateaux en pleine mer. La piraterie existe depuis plus de 4000 ans et se pratique encore de nos jours dans certaines régions du monde. Toutefois, la période allant du XVIe au XVIIIe siècle est souvent décrite comme l'âge d'or de la piraterie.

À cette époque-là, les pirates étaient particulièrement actifs dans la mer des Caraïbes, au large des côtes de l'Afrique du Nord et de l'Arabie, ainsi que dans la mer de Chine méridionale. Ils sillonnaient les eaux côtières dans des vaisseaux à la fois petits et rapides, donc faciles à manœuvrer. Ils attaquaient des navires de haute mer, plus grands et plus lents, qui transportaient des marchandises, puis ils s'enfuyaient rapidement.

La vie en mer était rude. Sous le pont, c'était sombre, humide, sale, et ça sentait mauvais. Les hommes vivaient à l'étroit, dormaient parmi les rats et étaient mal nourris. Il n'y avait pas de médecin à bord ; les blessures subies lors des combats n'étaient donc pas soignées.

Des pirates dégustent un rare festin. La plupart du temps, ils étaient mal nourris.

LE CALME PLAT

Le matelot de deuxième classe, Jack Kelsall, redescend du gréement dès qu'il entend le cuisinier sonner la cloche du bateau annonçant le petit-déjeuner. L'estomac de Jack gargouille depuis qu'il s'est levé de son hamac il y a une heure. Jusqu'à présent, la matinée a été tranquille. Un peu trop tranquille, selon Jack. Depuis plusieurs semaines, le ciel est bleu, la mer est calme et il n'y a pas eu un seul navire à l'horizon. Les pirates commencent à s'impatienter.

Le bateau navigue dans les eaux côtières de la Jamaïque, dans les Caraïbes, en suivant les routes commerciales des navires marchands, que les pirates envisagent d'attaquer et de piller. Le capitaine Nate vérifie la position du navire à l'aide d'un instrument appelé un quartier de Davis. Les pirates formant l'équipage d'une centaine de personnes chantent et bavardent tout en vaquant à leurs tâches quotidiennes: réparer les cordages et les voiles, remettre en état les canots et nettoyer le pont.

LA CHASSE AUX RATS

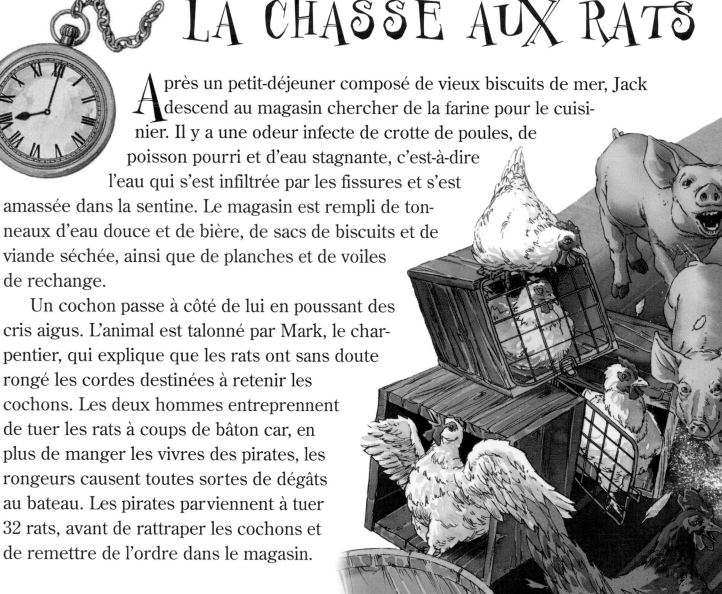

Après un petit-déjeuner composé de vieux biscuits de mer, Jack descend au magasin chercher de la farine pour le cuisinier. Il y a une odeur infecte de crotte de poules, de poisson pourri et d'eau stagnante, c'est-à-dire l'eau qui s'est infiltrée par les fissures et s'est amassée dans la sentine. Le magasin est rempli de tonneaux d'eau douce et de bière, de sacs de biscuits et de viande séchée, ainsi que de planches et de voiles de rechange.

Un cochon passe à côté de lui en poussant des cris aigus. L'animal est talonné par Mark, le charpentier, qui explique que les rats ont sans doute rongé les cordes destinées à retenir les cochons. Les deux hommes entreprennent de tuer les rats à coups de bâton car, en plus de manger les vivres des pirates, les rongeurs causent toutes sortes de dégâts au bateau. Les pirates parviennent à tuer 32 rats, avant de rattraper les cochons et de remettre de l'ordre dans le magasin.

Réalité ou légende ?

Les pirates appelaient leur argent « pièces de huit ».

À LA VIGIE

À 9 heures, Jack entend la cloche du bateau sonner deux fois, lui annonçant qu'il doit prendre la relève à la vigie. Il grimpe donc jusqu'au nid-de-pie, le poste d'observation situé en haut du grand mât. Jack doit prévenir le reste de l'équipage s'il observe des changements dans les conditions météorologiques, remarque la présence d'autres navires à l'horizon ou repère sous l'eau des récifs coralliens qui risqueraient d'endommager la coque du bateau.

Au bout de deux heures plutôt tranquilles, il distingue une forme à l'horizon. Serait-ce le pavillon d'un navire? C'est toujours ce qui apparaît en premier.

Au début, il n'est pas sûr de ce qu'il a vu. Puis la voile la plus haute apparaît elle aussi. Aucun doute, c'est un navire! Il lance un cri enthousiaste aux hommes en bas.

Les pirates se mettent à courir dans tous les sens alors que le capitaine leur braille des ordres : il faut changer de route et hisser davantage de voiles pour augmenter leur vitesse. Le capitaine Nate a déjà un plan astucieux en tête, celui d'inciter les marins du navire marchand à laisser ses hommes monter à bord de leur vaisseau. Une fois le bateau dirigé sur le bon cap, il réunit l'assemblée sur le pont supérieur afin de dire à chacun ce qu'il doit faire.

Réalité ou légende?

Les pirates portaient un anneau en or à l'oreille.

LA RUSE

Alors que le bateau pirate s'approche du navire marchand, Jack adresse un sourire aimable aux matelots et les salue de la main. Pete, le mousse, est debout près de lui, l'air tout gentil et innocent.

– Ohé! On n'a presque plus d'eau. Vous nous en donne-riez un tonneau? crie Jack.

Les matelots l'observent d'un œil soupçonneux et, l'espace d'un instant, Jack pense qu'ils ont compris ce qui se passe. Dans l'incertitude, Pete retient son souffle. Mais après un moment de silence, qui semble durer une éternité, leur capitaine répond par un hochement de tête réticent, leur indiquant qu'ils peuvent s'approcher de son navire.

– C'est bon! murmure Jack à Pete, lequel pousse un soupir de soulagement.

Sous le pont, bien à l'abri du regard du capitaine sans méfiance, les pirates chargent leurs pistolets et aiguisent leurs sabres, en veillant à ne pas faire trop de bruit. Ils attendent le bruit d'un coup de feu, qui sera le signal pour qu'ils montent...

Réalité ou légende?

Les pavillons des pirates portaient toujours une tête de mort et des tibias entrecroisés.

À L'ABORDAGE !

Moins de deux mètres séparent désormais les deux bateaux. Jack prend son pistolet et tire en l'air, tandis que Pete se précipite pour hisser le pavillon des pirates. En entendant le coup de feu, les autres pirates grimpent l'escalier en toute hâte et envahissent le pont. L'un d'eux saisit un grappin et, de toutes ses forces, le jette sur le navire marchand, où l'objet se prend dans le gréement.

Un autre grappin est jeté à un autre endroit du pont, et les deux bateaux se trouvent encore un peu plus rapprochés l'un de l'autre.

Le capitaine abasourdi observe la scène d'un air horrifié, mais il est trop tard pour organiser une défense puisque les pirates ont déjà abordé son navire!

Jack saute sur le navire marchand, en brandissant son sabre d'un air féroce:

– Rendez-vous, joignez-vous à nous et il ne vous sera fait aucun mal, crie Jack à l'équipage du navire marchand. Sinon, votre dernière heure pourrait avoir sonné! Prenez garde, bande de poltrons!

15

LE COMBAT

Les pirates ont tôt fait de s'engager dans un combat avec les matelots. Armé d'un pistolet dans une main et d'un coutelas dans l'autre, Jack se bat contre deux matelots à la fois.

Malgré les coups de poing assénés, les coups de feu tirés, les épées et les poignards brandis, ces hommes ne sont pas à la hauteur des habiles pirates, qui prennent rapidement le dessus.

LE PILLAGE

Après avoir rassemblé les prisonniers, Jack suit les autres pirates dans la cale du navire pour voir quelles marchandises ils peuvent «emprunter». Le butin est excellent. Il y a un coffre rempli d'argent et de splendides pierres précieuses, qui rendront tout l'équipage très riche. Contrairement à ce qui se

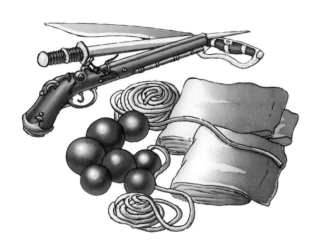

passe sur un navire marchand, sur un bateau pirate, tous les hommes sont traités sur un pied d'égalité. Seuls le capitaine et le quartier-maître recevront une part un peu plus grosse que les autres. Il y a aussi beaucoup d'armes et de munitions à prendre.

– Heureusement qu'ils ne s'attendaient pas à nous rencontrer, dit Jack en rigolant et en prenant une épée particulièrement tranchante.

Le capitaine ordonne à ses hommes de transporter les marchandises sur leur propre bateau, y compris les provisions utiles, comme les cordages, les voiles, la nourriture, la bière et l'eau. La vue d'une caisse pleine de pommes juteuses aiguise l'appétit de Jack. Après s'être assuré de ne pas être vu, il croque à belles dents dans l'un des fruits.

L e capitaine Nate réunit son
équipage pour savoir ce qu'ils
vont faire du navire capturé. D'un
commun accord, ils décident de le
ramener sur la côte où ils pourront
le vendre et augmenter encore
leurs profits. Le bateau des pirates
est beaucoup plus rapide, ce qui
en fait un meilleur vaisseau pour
la piraterie.

L'équipage est divisé en deux.
Une moitié, dont Jack, restera sur
le bateau pirate, tandis que l'autre
moitié conduira le navire marchand
au port, tout en emportant la plupart des prisonniers. Pour ce qui
est du capitaine et de son second,
les pirates ont d'autres plans en
tête pour eux.

LES PRISONNIERS

Les pirates sont tous d'accord: il est temps pour Carlos Domingo, le capitaine du navire marchand, et pour son second, Federico Sanchez, de recevoir un châtiment sévère. Les pirates détestaient les capitaines et leurs officiers (sauf les leurs), parce que ceux-ci maltraitaient toujours leurs hommes, et ces deux-là ne font pas exception. Beaucoup de ces matelots ont raconté avoir été fouettés ou affamés sur les ordres du capitaine.

Jack verse de l'eau sur la corde qui attache les prisonniers ensemble. C'est un truc qu'il a appris d'un pirate dénommé Bill, avec qui il a déjà navigué. L'eau fait rétrécir la corde qui se resserre alors sur les poignets des prisonniers, leur causant beaucoup d'inconfort. Les deux hommes se tortillent et grimacent de douleur à mesure que la corde se resserre sur leur peau.

– Ils mériteraient bien pire que ça, dit un des nouveaux pirates qui porte de vilaines cicatrices sur le dos. Fouettons-les un bon coup!

Réalité ou légende?

Les pirates faisaient subir le supplice de la planche à leurs prisonniers.

Or au même moment, Jack remarque un nuage à l'horizon. Les nuages étant souvent le premier signe de la présence d'une terre, les hommes sont très excités car ils sont en mer depuis plus d'un mois.

Le capitaine Nate scrute l'horizon avec sa longue-vue et confirme qu'il y a une petite île en vue. Jack a alors une idée.

– Puisqu'on est tous d'accord qu'il leur faut un châtiment sévère, on va les abandonner sur cette île!

SUR UNE ÎLE DÉSERTE

Jack aime sentir le sable sous ses orteils quand il débarque sur la plage. Il y a beaucoup d'activité sur l'île. Certains hommes tentent d'attraper des oiseaux sauvages, qui feront un repas savoureux pour le soir. D'autres ramassent des fruits tropicaux et recueillent de l'eau douce dans les ruisseaux situés à l'intérieur des terres. Jack capture des tortues pour les emporter à bord. L'idée de manger encore une fois de la tortue lui est insupportable, mais ces animaux sont faciles à capturer.

Au moment où les pirates s'apprêtent à retourner sur leur bateau, ils détachent les prisonniers. Ils donnent à chacun d'eux un pistolet, un petit sac de poudre à canon et une bouteille d'eau. Pour ces deux hommes, il sera difficile de survivre, quoique pas impossible.

UN FESTIN

De retour à bord de leur bateau, Jack et les autres pirates se récompensent par un somptueux festin. Sous le pont, la table regorge de toutes sortes de produits délicieux, saisis dans le magasin du navire marchand : fruits et légumes frais, pain, poulet et surtout, œufs de tortue, une vraie gâterie de pirate. Pour une fois, Jack n'ira pas se coucher avec le ventre qui gargouille, tout en rêvant à des rôtis fumants et à la cuisine de sa mère.

Bien entendu, un festin ne serait pas

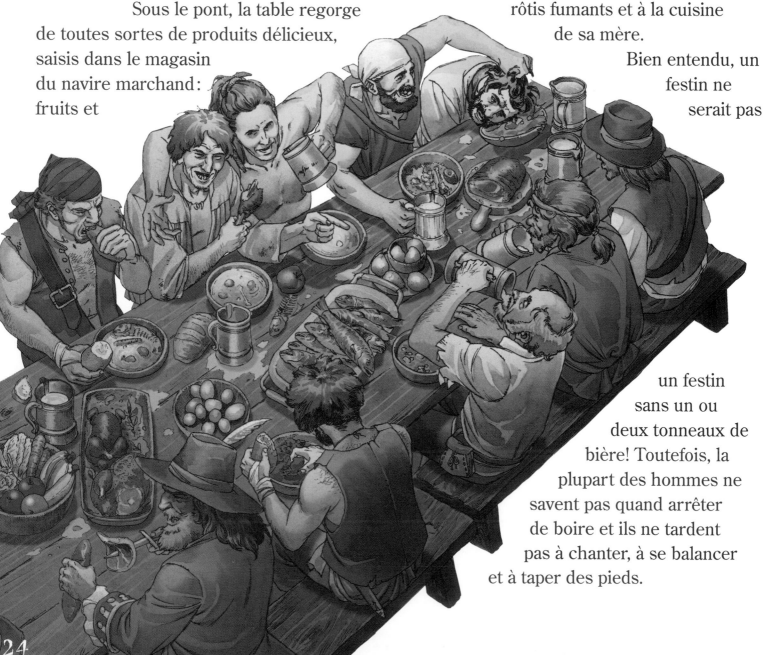

un festin sans un ou deux tonneaux de bière! Toutefois, la plupart des hommes ne savent pas quand arrêter de boire et ils ne tardent pas à chanter, à se balancer et à taper des pieds.

Réalité ou légende?

Les pirates mangeaient des biscuits pleins de vers.

Pat, un des charpentiers du bateau, joue un air entraînant au violon et Robert se joint bientôt à lui avec sa flûte. De nombreux pirates se lèvent et se mettent à danser au rythme de la musique. On a l'impression que Jack ne dormira pas beaucoup cette nuit-là!

LA TEMPÊTE SE LÈVE

Jack s'aventure sur le pont pour prendre une bouffée d'air frais. Il a un peu mal au cœur après avoir tant mangé, et la bière n'a pas arrangé les choses non plus. Il s'accote au flanc du bateau et par mégarde, fait tomber un seau par-dessus bord. Il tente de le rattraper, mais c'est trop tard. Les autres pirates l'injurient, car ça porte vraiment malheur de perdre un seau de cette manière.

Réalité ou légende ?

Beaucoup de pirates avaient une jambe de bois.

26

À peine l'ont-ils injurié qu'ils entendent un fort grondement dans le ciel. Ce dernier s'assombrit et le vent se lève.

– Abaissez les voiles! s'écrie Jack. On dirait une tempête.

Une forte pluie commence à s'abattre sur le bateau et des vagues gigantesques l'assaillent, mais aucun homme n'est en état de diriger le bateau. Jack entend un énorme craquement alors que le mât se brise en deux.

– Abandonnez le navire! crie-t-il. Chacun pour soi!

NAUFRAGÉS

Une fois la tempête passée, il ne reste plus grand-chose du bateau pirate et celui-ci coule tranquillement. Des débris jonchent la mer. Jack a réussi à se hisser sur un canot, en compagnie du capitaine Nate. Les deux hommes recherchent des survivants, en guettant les voix dans l'obscurité.

Après avoir ramé pendant huit longs jours, survivant grâce à quelques provisions récupérées du naufrage, ils rejoignent finalement la terre. Ils sont épuisés, ont faim et soif, mais ils vivront pour vaincre une autre journée !

Réalité ou légende ?

Les pirates cherchaient des trésors enterrés.

GLOSSAIRE

Voici la signification de certains mots employés dans ce livre.

biscuit de mer   Biscuit dur, fait de farine et d'eau, qui constituait l'essentiel de l'alimentation d'un pirate.

butin   Ensemble des marchandises utiles ou de valeur, qui ont été volées.

cale   Endroit d'un bateau où on entrepose la cargaison.

coutelas   Épée recourbée que de nombreux pirates choisissaient pour arme.

grappin   Outil en fer attaché à une corde et dont l'extrémité est munie de plusieurs crochets. En jetant des grappins sur un autre navire, les pirates rapprochaient les deux bateaux et pouvaient aborder le navire convoité en toute sécurité.

gréement   Cordes, filins et chaînes qui soutiennent le mât et les voiles.

hamac   Lit en toile, suspendu au plafond.

horizon   Point éloigné, où la terre ou la mer semble rejoindre le ciel.

magasin   Endroit d'un bateau où sont entreposés les vivres.

mât   Poteau vertical et solide qui porte les voiles d'un bateau. Certains bateaux possèdent plusieurs mâts.

navire marchand   Bateau qui transporte des marchandises à vendre.

nid-de-pie   Poste d'observation situé en haut du mât d'un bateau.

piller   Voler par la force.

pirate   Voleur ou criminel des mers.

pont   Étage d'un bateau.

quartier de Davis   Instrument destiné à mesurer la hauteur du soleil dans le ciel, laquelle indique quelle distance un bateau a parcouru vers le nord ou le sud.

quartier-maître   Personne à bord d'un bateau chargée de partager le butin.

récif corallien   Structure sous-marine, formée par les squelettes d'animaux marins appelés des polypes coraux.

sentine   Le fin fond d'un navire, où s'amasse l'eau de mer qui s'est infiltrée par les fissures du bateau.

vigie   Surveillance exercée par un matelot en un point élevé d'un bateau; le matelot lui-même.

RÉPONSES

Page 8 – Réalité!
Les pirates appelaient «pièces de huit» les grosses pièces espagnoles, de forte valeur, qu'ils volaient sur les navires.

Page 11 – Légende! Dans les récits, illustrations et films, les pirates portent toujours un anneau en or à l'oreille, mais en réalité, ils n'en portaient jamais. Porter une boucle d'oreille à bord aurait été beaucoup trop dangereux, puisqu'elle aurait pu se prendre dans les voiles ou les cordages.

Page 13 – Réalité! Les pavillons des pirates étaient censés remplir les marins d'effroi. La tête de mort et les tibias entrecroisés étaient le symbole le plus populaire.

Page 19 – Réalité! L'eau ne restait pas longtemps fraîche à bord. Comme tous les marins, donc, les pirates buvaient surtout de la bière. L'alcool étant un conservateur naturel, la bière restait potable pendant de nombreux mois.

Page 21 – Légende! On a peu de preuves à l'effet que les pirates faisaient subir le supplice de la planche à leurs prisonniers. Les châtiments les plus courants consistaient à fouetter une personne, à l'abandonner sur une île déserte ou à la jeter par-dessus bord.

Page 25 – Réalité!
Les biscuits de mer étaient infestés de vers et de charançons. La majorité des pirates mangeaient ces biscuits dans l'obscurité pour ne pas voir ce qu'ils mangeaient.

Page 26 – Légende! Les pirates devaient être en pleine forme pour naviguer. Mais si un pirate avait perdu une jambe en mer, il aurait pu s'en fabriquer une en bois, puisqu'il n'avait pas grand-chose d'autre sous la main!

Page 29 – Légende! Les pirates n'enterraient presque jamais leur trésor (ils étaient trop occupés à le dépenser!). Il n'existait pas non plus de carte du trésor. Ils volaient de l'argent et des marchandises des navires qui passaient près d'eux.

INDEX